Papi-Loup
Mamie-Loup
Papa-Loup
Maman-Loup
Wouf
Doudou
Mini-Pic
Mini-Loup
Anicet
Dilou

Une petite sœur pour MINI-LOUP

Philippe Matter

Les albums Hachette

Ce matin-là, Mini-Loup joue sagement dans le bac à sable quand ses parents, la mine réjouie, viennent le rejoindre.

« On a une grande surprise pour toi ! » commence Papa-Loup.

« Chic, j'adore les surprises ! » se dit Mini-Loup. Et il se lance dans une série de devinettes : « Une voiture qui fait pouet ? Un robot cracheur d'étincelles bleues ? Des bonbons ?

– Pas du tout, mon p'tit loup, l'interrompt Papa-Loup. Ta maman va avoir un bébé ! »

Alors, là ! Mini-Loup reste bouche bée...

Tout tourneboulé, Mini-Loup file annoncer la nouvelle à ses amis.

Mais pauvre Mini-Loup, s'il voulait être réconforté, c'est raté !

« Quelle horreur ! hurle Anicet. Les bébés, c'est tout rose et ça pleure sans arrêt.

– Et si c'est une fille, ça pince et ça fait des caprices pour un oui ou pour un non ! » ajoute Mini-Pic qui sait de quoi il parle.

À la nuit tombante, Mini-Loup se décide, tout de même, à retourner chez lui. Maman-Loup l'attend devant la maison.

« Où étais-tu passé ? demande-t-elle.

– Je suis allé voir Anicet et Mini-Pic, répond Mini-Loup. Finalement, votre surprise est une très mauvaise surprise ! Je ne veux pas de bébé dans ma maison ! »

Maman-Loup prend alors sa voix la plus douce pour lui dire qu'un petit frère ou une petite sœur sera comme un ami qui sera toujours là pour s'amuser avec lui.

« Et puis, dès que le bébé sera né, tu seras le plus grand et lui, le plus petit ! »

C'est vrai ! Mini-Loup n'avait même pas pensé à ça…

Beaucoup de semaines ont passé et Mini-Loup ne voit toujours rien arriver.

« C'était une blague, votre surprise ? demande Mini-Loup. Il est où le bébé ?

– Dans mon ventre ! » répond calmement Maman-Loup.

Aussitôt, Mini-Loup pousse un cri horrifié :

« Mais, tu l'as… mangé ? »

Papa-Loup et Maman-Loup éclatent de rire. Puis, Maman-Loup explique tout à Mini-Loup.

Rassuré, il colle son oreille contre le ventre de sa mère.

« Et moi aussi quand j'étais dans ton ventre, je faisais autant de bruit ? »

Ce matin, Mini-Loup a été réveillé par un drôle de remue-ménage.

« Le grand jour est arrivé ! » lui a dit Maman-Loup en venant embrasser son grand fils dans son lit.

Et voilà Léonie, la maman d'Anicet, qui frappe à la porte. C'est elle qui s'occupera de Mini-Loup pendant que ses parents seront à l'hôpital. D'ailleurs, le taxi est là pour les y emmener.

« Alors, promis, fiston, tu ne fais pas de bêtises durant notre absence ? »

Mini-Loup n'a aucun mal à le promettre : il ne se sent pas vraiment le cœur à faire des bêtises !

Quelques jours plus tard, c'est le retour ! Il y a beaucoup de monde pour accueillir Papa et Maman-Loup avec leur bébé. Mais Mini-Loup boude. Il n'a aucune envie de faire semblant d'être content puisqu'il n'est pas content !

« Je ne suis pas content ! Je ne suis pas content ! » marmonne-t-il entre ses dents.

Cependant, lorsque tout le monde a pénétré à l'intérieur de la maison, sa curiosité, petit à petit, l'emporte et il court rejoindre les autres.

Dès que Mini-Loup apparaît, Maman-Loup sort le bébé du berceau.

« Mini-Loup, je te présente ta petite sœur. Son nom, c'est Dilou ! »

Mini-Loup approche son nez pour voir sa sœur de plus près.

Au même moment, Dilou se met à hurler. Pauvre Mini-Loup : il en tombe sur le derrière, presque mort de peur !

« Aucun doute, s'esclaffe Papa. Avec une voix pareille, Dilou ne pouvait être que ta sœur ! Je crois même qu'elle hurle plus fort que toi… »

Quand tous les invités s'en vont, c'est déjà l'heure du bain ! Dilou a l'air d'adorer l'eau. Elle s'agite tant et si bien qu'elle en renverse partout…

« Mini-Loup, tu peux me rendre un service ? » demande Maman-Loup.

Mini-Loup accepte à contrecœur. Aller jeter les couches de sa petite sœur ne l'enchante pas beaucoup !

Après le bain, le biberon !

« Cette fois-ci, qu'on ne compte pas sur moi ! » prévient Mini-Loup.

Mais puisque Maman-Loup insiste, il finit par céder, prend Dilou dans une patte et le biberon dans l'autre.

Et voilà que Dilou lui fait un sourire !

« Maman ! Papa ! Elle m'a fait un sourire ! » s'écrie Mini-Loup, tout attendri.

À tenir sa toute petite sœur contre lui, Mini-Loup se sent brusquement très, très, très, grand…

Après le bain, après le biberon, c'est l'heure du dodo. Papa-Loup et Maman-Loup sont penchés au-dessus du berceau de Dilou.

« Qui va faire un gros dodo ? C'est notre Dilou à nous ! chuchote Maman-Loup.

– Un bon dodo pour ma Dilou et plein de rêves tout doux tout doux ! » zézaye Papa-Loup.

Mini-Loup passe la tête par la porte et regarde ses parents d'un drôle d'air.

« Est-ce qu'on peut devenir fou à cause d'un bébé ? » C'est bien la question qu'il se pose !

Après que ses parents ont quitté la chambre, Mini-Loup se faufile à l'intérieur. À petits pas, il s'approche du berceau de Dilou. Il a très envie d'essayer quelque chose, mais il n'ose pas. Finalement, il se décide.

« Bon dodo, ma Dilou… » chuchote-t-il.

Alors, Dilou se met à s'agiter, à gazouiller et tend sa petite patte pour attraper la truffe de Mini-Loup.
Mini-Loup, tout attendri, lui fait des guili-guili, et Dilou, ravie, gazouille de plus belle !

Un peu plus tard, c'est au tour des parents de Mini-Loup d'aller se coucher.

« Passons voir si bébé dort ! » propose Maman-Loup.

Ça alors ! Dilou ronronne dans les bras de Mini-Loup endormi.

« Cette fois-ci, je crois que notre fiston a adopté sa petite sœur ! » constate Papa-Loup.

Mini-Loup bâille, ouvre un œil et murmure d'un ton tout doux tout doux :

« Chut ! Vous allez la réveiller… »

Joue avec MINI-LOUP sur ta tablette ou sur ton smartphone !

17 mini-jeux

Avec Mini-Loup, tu vas pouvoir t'amuser avec des jeux simples et rigolos !
Ton objectif :
remporter un maximum de bonbons !

Télécharge l'application sur App Store ou sur Google Play.
Prix : 0,99 €

Disponible sur App Store — Disponible sur Google play

MINI-LOUP existe aussi en DVD !

Découvre vite ses aventures !

Retrouve d'autres titres sur : www.citelvideo.com

Citel VIDEO

Série créée par Didier Lejeune. D'après l'œuvre «Mini-Loup» de Philippe Matter (Editions Hachette Livre). Réalisation par Frédéric Mège. © GENAO productions 2011.

Et retrouve MINI-LOUP

Sur Internet : www.mini-loup.com
Et sur sa page Facebook : www.facebook.com/miniloup.officiel

58, rue Jean Bleuzen - CS70007 - 92178 Vanves
ISBN : 978-2-01-398263-4 – Dépôt légal : septembre 2019 – Édition 01.
Loi n° 49-956 du 16 juillet 1949 sur les publications destinées à la jeunesse.
Imprimé en septembre 2019 par Terres de Ville en Chine. Achevé d'imprimer en septembre 2019.
Figurine fabriquée par Holinail.

Mlle Biglu
Gus
Eliot
Louna
Maxou
Baudouin
Raphaëlle
Muche